Être un superhéros

Liz Shmuilov
Illustré par Mary K. Biswas

www.kidkiddos.com
Copyright ©2019 by KidKiddos Books Ltd.
support@kidkiddos.com

All rights reserved. No part of this book may be reproduced in any form or by any electronic or mechanical means, including information storage and retrieval systems, without written permission from the publisher, except in the case of a reviewer, who may quote brief passages embodied in critical articles or in a review.
Tous droits réservés. Aucune reproduction de cet ouvrage, même partielle, quelque soit le procédé, impression, photocopie, microfilm ou autre, n'est autorisée sans la permission écrite de l'éditeur.
First edition, 2019

Translated from English by Sophie Troff
Traduit de l'anglais par Sophie Troff
French editing by Ginette Bedard
Révision en français par Ginette Bedard

Library and Archives Canada Cataloguing in Publication
Being a Superhero (French edition)/ Liz Shmuilov
ISBN: 978-1-5259-1330-3 paperback
ISBN: 978-1-5259-1331-0 hardcover
ISBN: 978-1-5259-1329-7 eBook

Salut les amis ! Je m'appelle Maya. Je suis un lézard. Je vais vous raconter l'histoire de mon meilleur ami Ron la grenouille, qui est devenu un superhéros.

Un jour d'été, j'étais chez Ron en train de regarder notre émission de superhéros préférée.

— Tu sais, a soudain dit Ron, ce serait cool d'être un superhéros. On pourrait aider les autres !

— C'est une idée géniale ! ai-je répondu, les pensées se bousculant dans ma tête. Je pourrais être ton coach et t'apprendre tout ce qu'un superhéros doit savoir !

En entendant cela, la joie a illuminé le visage de Ron.
— Mais tous les superhéros ont un pouvoir, a-t-il dit doucement.

J'ai réfléchi un moment.
— Ton superpouvoir pourrait être ton talent pour le saut en hauteur ! Oh, et tes mains adhésives !
— Oui ! s'est enthousiasmé Ron en sautant de joie.

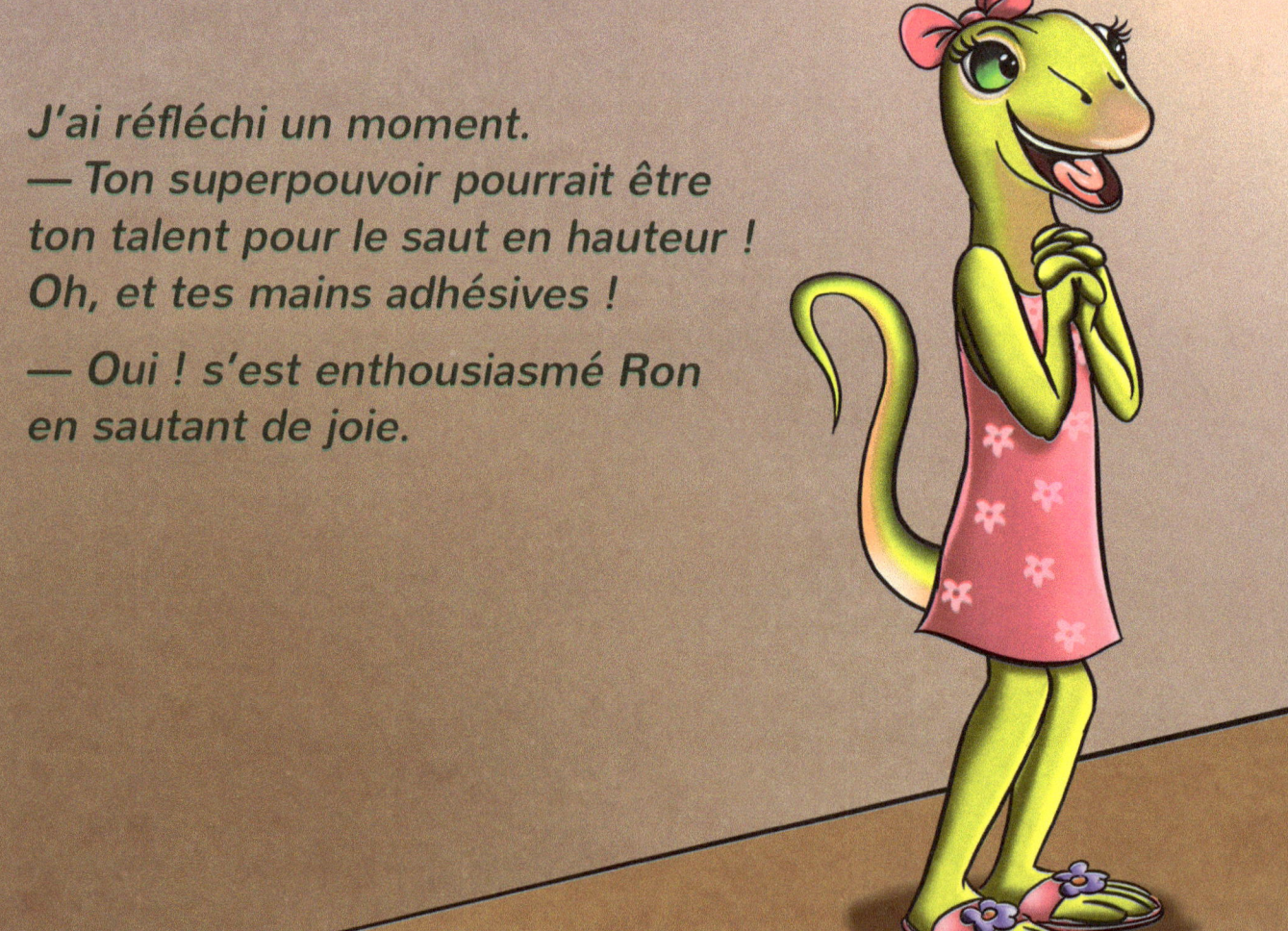

— Bon, il nous faut un costume. Quelque chose que tout le monde reconnaîtra, ai-je dit.

Ron a couru dans sa chambre et rapporté un polo rouge.
— On peut colorier une grande étoile sur ce polo !

— Super idée ! ai-je dit en souriant. Et pour la cape ?

— On peut utiliser ma couverture préférée ! s'est exclamé Ron, les yeux pétillants.

Nous nous sommes mis au travail sans attendre, et avons dessiné puis peint une étoile sur le polo de Ron.

— L'effet est magnifique! Tu vas avoir l'air d'un vrai superhéros ! ai-je dit quand nous avons fini.

Le lendemain matin, nous nous sommes retrouvés au parc pour commencer l'entraînement.

— Aujourd'hui, je vais t'apprendre des choses importantes que tous les superhéros doivent savoir : les Trois Règles du Superhéros.

Nous nous sommes assis sur le banc et j'ai expliqué les règles à Ron.

Règle numéro un : n'abandonne jamais, même si la situation se complique.

Règle numéro deux : apprends de tes erreurs pour pouvoir faire mieux la prochaine fois.

Règle numéro trois : n'oublie jamais que tu peux tout faire !

Nous nous sommes entraînés à mémoriser les règles et sommes ensuite retournés chez moi.

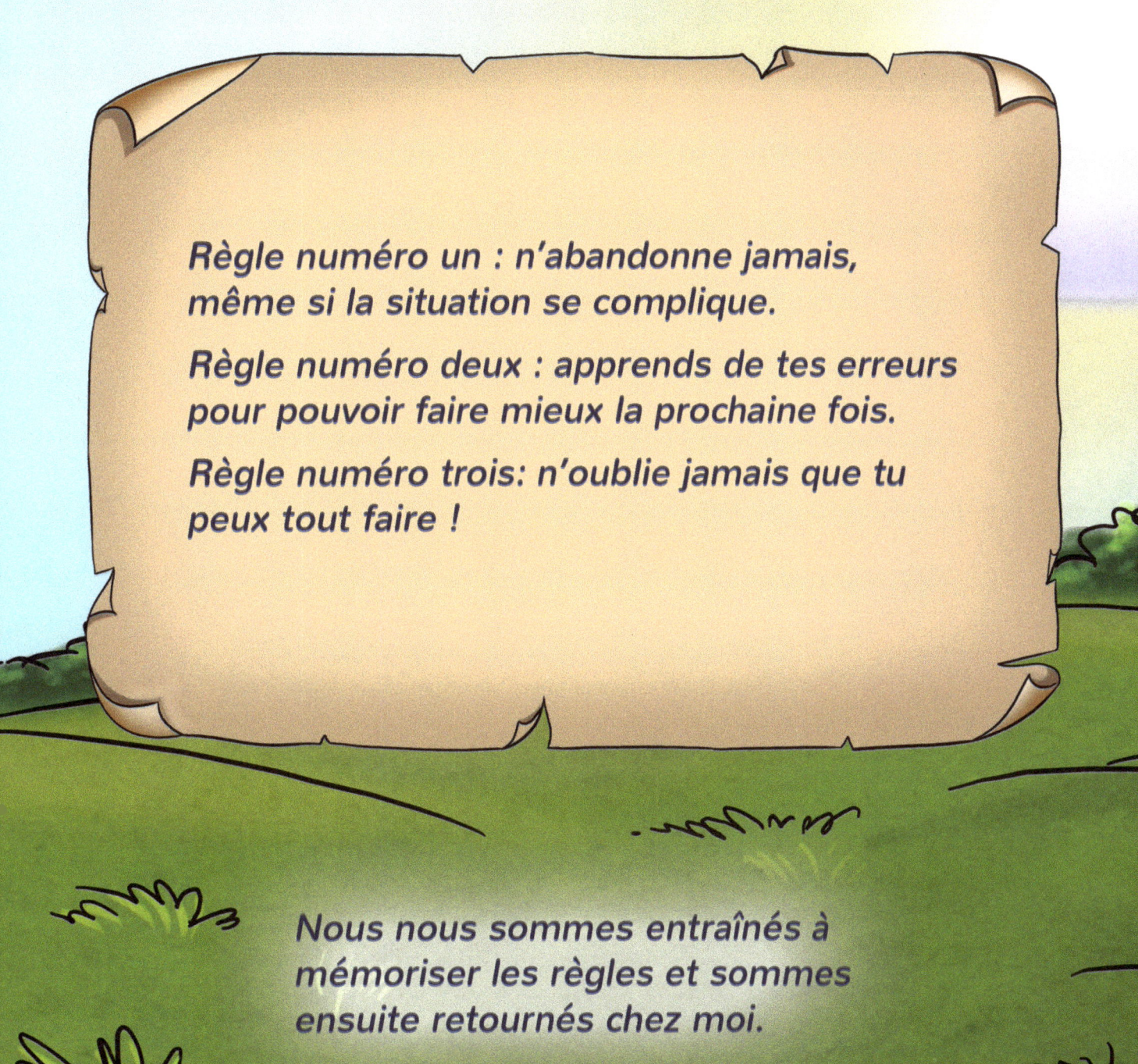

En rentrant, nous avons croisé mon petit frère Danny. Il avait l'air bouleversé.

— Je ne trouve pas mon jouet préféré ! pleurait-il.

J'ai regardé Ron et j'ai murmuré :
— On dirait une mission pour un superhéros !

Ron a souri et acquiescé.
— À quoi ressemble ton jouet ? a-t-il demandé.

— C'est mon jouet en peluche, le lion, dans l'émission de télé de superhéros, a expliqué Danny. Il est grand et doux.

— Ne t'inquiète pas. On va le trouver, lui a assuré Ron, et nous avons entrepris notre première mission.

Nous avons regardé partout : dans les placards, à côté des armoires, derrière les tables et sous les chaises. Le jouet était introuvable.

— Vous devriez aller voir dans le jardin et je continuerai de chercher ici, a suggéré Ron.

Quand Danny et moi sommes sortis, nous avons entendu les cris de Ron.
— Je l'ai trouvé ! Je l'ai trouvé !

Nous avons couru vers lui et regardé le petit objet dans sa main.

— Ce n'est pas le lion dont je parlais, s'est renfrogné Danny. Mon jouet est grand et doux, celui-ci est petit et en bois.

Le visage de Ron s'est d'abord assombri, mais la détermination a vite remplacé la déception.

— Pas de souci, a-t-il dit. Règle numéro un du superhéros : n'abandonne jamais !

— Règle numéro deux , ai-je ajouté, apprends de tes erreurs. On cherche une peluche GRANDE et DOUCE.

— Douce et grande. Compris ! a répondu Ron.

— Et règle numéro trois, ai-je dit, qui peut tout faire ?

— Je suis un superhéros et je peux tout faire ! s'est écrié Ron avec enthousiasme.

— On doit penser comme des superhéros, a-t-il poursuivi. Si le jouet n'est pas dans la maison, il doit être quelque part dehors. Ce n'est pas comme s'il pouvait s'envoler !

Ron a rigolé et regardé vers le ciel, mais soudain, il s'est figé.

— Qu'est-ce que tu regardes ? ai-je demandé en levant les yeux aussi.

Ron a montré du doigt le haut de notre gros pommier.

— Est-ce que c'est... ? ai-je bafouillé.

— Mon jouet ! Tu l'as trouvé, Ron ! s'est exclamé Danny.

— Mais comment on va le décrocher de l'arbre ? a-t-il ajouté tout bas.

— Ron peut l'attraper facilement, ai-je dit. Il peut utiliser ses pouvoirs : ses mains adhésives et ses sauts super hauts.

Ron a inspiré à fond et s'est mis à grimper à l'arbre, sautant de branche en branche.

Il a atteint le jouet et, très vite, il est redescendu et l'a tendu à mon frère.

— Tu es mon héros !
Danny a ri et fait un gros câlin à Ron.

— En fait, c'est Maya le vrai héros, a corrigé Ron.
Elle m'a appris tout ce que je sais !

Ce jour-là, nous avons appris que même si nous ne sommes pas les superhéros du cinéma, nous sommes intelligents et nous pouvons faire tout ce que nous voulons !

N'oublie pas, toi aussi tu es un superhéros !

www.ingramcontent.com/pod-product-compliance
Lightning Source LLC
Chambersburg PA
CBHW061141070526
44584CB00033B/4386